Tom de Toys

LETZTE
RUNDE

**Livelyrik & Experimentelle Chansons für
u.a. DAS RILKE RADIKAL & HOLZHUND
und andere Rilke-Hommagen**

1994 – 2010

Hrsg. G&GN-INSTITUT 2021

>> Phantasie, nur Phantasie!
Was man wirklich lebt, das flieh! <<

John Keats, 2.1.1819 in: "Phantasie",
im Brief an seine Schwester & Mutter

>> ...es geht darum,
durch Analyse bei jedem Begriff
das ihm Eigene von dem zu trennen,
was die Tradition oder die Mystifikationen
des Unterdrückers ihm beigegeben haben. <<

Jean-Paul Sartre, 1950 in: "WAS IST LITERATUR?"

>> Doch das wird ein neuer Mensch sein – ein Individuum
mit einem riesigen externen Nervensystem, das bis in das
Unendliche hineinreicht. Dieses elektronische Nervensystem
wird so verschaltet sein, dass alle Individuen, die daran an-
geschlossen sind, mehr oder weniger die gleichen Gedan-
ken, die gleichen Gefühle und die gleichen Erfahrungen
haben werden. Es wird vielleicht spezialisierte Typen geben,
wie es auch in unserem Körper spezialisierte Zellen und Or-
gane gibt, denn dahin geht die Tendenz – dass alle Individuen
in einen einzigen bioelektronischen Körper verschmelzen. <<

Alan Watts, 1966 in: "DIE ILLUSION DES ICH"

30.BoD-Jubiläumsbuch / ORIGINALAUSGABE 2021
FOTOS: "ANCIENT SECOND", 1.4.2010 (Schlosspark Charlottenburg),
"RieZENrad, tags+nachts", 27.+28.11.2008 (Jannowitzbrücke, Berlin)
ISBN 9783753405643
© Herstellung und Verlag: BoD –
Books on Demand, Norderstedt

30 BÜHNENTEXTE © POEMiE™

@ POESIEPERFORMANCE.de & POPPOESIE.de

12./13.12.1994, für Astor Piazzolla (betrunken im "Subbido")

LETZTE RUNDE

körpermenschen sind wir
hätte gern den tod in kleinen stücken
morgen wollen wir woanders sein
ob wir das wollen oder nicht
mir tut was weh
leicht fällt die liebe seit sie blieb nur sie
ach könnte ich doch gehen
nimm mich nimm mich
irgendein zuhause
keiner rettet meine seele
ach du weißt daß dieses ganzalleine
unvermeidlich quält nein langweilt
quält und langweilt
mal im sitzen mal beim rennen
durch die wörter welten welten
mal im gleichschritt und zu dir du ferne
bringt mich nicht ein einziger ein wechsel
bringt nur neue nägel goldne nägel
für die luxuskreuzigung
millionen menschen
morgens mittags abends nachts
und nachts und morgens
nein ich sterbe längst noch nicht
nur einer von den vielen
von den vielen körpern

13.10.1995, Uraufführung für das Mainzer Literaturtelefon 1996 als DR²-Urduo

<u>JEDER ENGEL IST SCHRECKHAFT</u>

ich spüre dich
durch meine haut
ich höre dich
durch meine ohren
ich sehe dich
durch meine augen

ICH AHNE DICH

irgendwann irgendwo
du bist schön
so schön
ich brauche dich
ich sehne mich
ich will dich
jetzt
denn ich bin da und
du bist da

zusammen sind wir

GOOOOOOOOTT !!!

11./12.6.1996, gegen Reduktionisten & Esoteriker
(aus dem Gedichtband "für immer wach")

MACH MICH ZWEI MIT ALLEM

kein gedicht lohnt sich
zu denken kein gedicht
lohnt sich zu schreiben
kein gedicht lohnt sich
zu sprechen kein gedicht
gedicht gedicht lohnt sich
als botschaft festzuhalten
kein gedicht sagt was
der welt von nutzen sein könnte
kein gedicht dient meiner seele
sich zu äußern kein gedicht
befreit vom zwang der buchstaben
die das moderne leben regeln
kein gedicht wird meiner
ehrlichkeit gerecht die sich
im zustand unserer begegnung
offenbart wenn schwitzende
verschmelzen ohne ihre
körper zu verlassen

P-QUADRAHT
(PARADIES-PERSIFLAGE)

dies hier ist ein positiefer text
rein positief
ganz ohne tränen
dieser text ist positief
auch ohne temperament
in ihm steckt alles positiefe
alles was du gutes wünschst
ist hier von anfang an gewollt
und bis zum ende ausgelebt
nur das positiefste
wird hierdrin erwähnt
dieser text ist schöner
als das schönste
was du bisher kennst
hier fliegst du fort
mit allen sinnen
ins land der radikalen
positiefität

DAS STUDIOSTÜCK (ST)²

wir spielen für euch
keine langweiligen lieder
das jahrtausend ist tot und
kommt auch nie wieder
sei selber genial
und werde ein star
deine meinung ist heilig
deine stimme ist wahr
die meisten menschen
sind blöde und bieder
SEI SELBER GENIAL
und freu dich am leben
du hast jetzt die wahl
einen hit zu landen
bevor wir wie vorher
im leerlauf versanden
der uns alle frißt
ohne plan und ziel
mir wird der kulturwahn
allmählich zu viel
"ich hab keine botschaft!"
(so bleibt die welt dumm)
wer mich zu sehr angafft
wird selber bald stumm
wie ein fan wie ein fisch
wie ein faules stück fleisch
denn die freiheit liegt hart-
gekocht auf dem tisch:

Mach Dich Bereit
Sei Immer Fit
Die Lust Auf Liebe
Der Ewige Hit

wenn du noch nicht
weißt wer du bist
dann weiß ich es
erstrecht nicht
und niemand kann
es dir verraten
solange du glaubst
daß die andern
DEIN LEBEN
bestimmen müssen
wir ohne dich starten
(denn wir wollen)
nicht warten
die lust ist groß
solange wir atmen
ist immer was los:

Mach Dich Bereit
Sei Immer Fit
Die Lust Auf Liebe
Der Ewige Hit

DNÄ (Der Nachäffer), 7.3.1999, inspiriert durch
R.M.Rilke: "BUDDHA IN DER GLORIE"

ÜBERSTROM
(BRAUCHBARER GLAUBE)

Mitten ohne Mitte, kernlos klein,
Menschen, die sich öffnen statt versauern, –
diese alle bis ins Steueramt
sind deine Freunde: Seid gegrüßt !

Seht, wir feiern, alles mit den nackten Händen;
im Unglaublichen ist reine Schönheit,
unser Ort strömt voller Sachen über.
Und von innen heilen ihn Gespräche,

denn ganz unten warten keine Särge
leer und gläsern überdreht.
Noch wirkt echtes Sein besonders,
bis ihr in den Strom eingeht.

DNÄ (Der Nachäffer), 21.-22.3.1999, inspiriert durch
Rainer Maria Rilke: "DER TOD DER GELIEBTEN" & J.M: "land"

ÜBERLAND
(DIE TAT DES GELOBTEN)

Er wohnte nur im Tanz wie alle Weisen:
die es nutzen und die Stille stören.
Anderes bleibt fast nicht auszudenken,
ja, lauthals sind anfangs alle Scharlatane,

glühend konnten sie uns früher retten,
(ganz, als ob sie Kräfte hätten)
lächelnd noch dem Mond zuhören –.
Dann in ferne Welten reisen:

dort wird jeder so erkannt,
wie er sich selbst am nächsten schien;
im Niemandsland braucht keiner fliehn

und glaubt nur was er wirklich kennt,
das Gerngesehene kriegt keine Prügel !
Und du spürst jetzt endlich deine Flügel...

DNÄ (Der Nachäffer), 4.-5.7.1999 in Jülich, inspiriert durch
R.M.Rilke: "SONETT (Auf Elizabeth Barrett-Browning)"

<u>SO NETT</u>
(Am Sterbebett Bertolt Brechts)

O wenn mein Hirn, längst weinend im Entweihten,
von aller Kunst und Zeitverzicht gebannt,
urplötzlich hört, wie man es umbenannt
(durch Überflut, die Falle des Gescheiten) !

Wie soll es ruhn ? Wozu ins Ferne reiten ?
Wenn alles so unendlich und bekannt...
Den Vers zu schmelzen, wagte seine Hand,
nur zwingt das lose Stammeln uns, zu streiten.

Hier streiten Hirne, die das Grammatische betrog,
ob Reim und Regeln immernoch die Welt verführen:
so reizvoll ist des Altmodernen Sog.

Wer IST denn leer ? Und wer verweilt im Maß ? –
Wen solche Glanzfragen bereits berühren,
denkt außerdem, was man erstrecht vergaß.

DNÄ (Der Nachäffer), 11.7.1999, inspiriert durch typisch Rilkisches

ÜBE(R)RILKE
(– ANFÄNGERANTLITZ –)

o dies o das
oh überall
BLEIBT ES
ach irgendwas
nur dann und wann
BLEIBT ES
ein jedes
sieh und höre !
da und dort
und plötzlich
ungeheuer
innen außen
BLEIBT ES
ganz unendlich
fühle !
dort und drüben
irgendwie
BLEIBT ES
wie alles nichts
und nirgends
BLEIBT ES
mehr noch
immer dir
du seltsames
du jetzt
allein
so loses
ewige ja

27.8.1999, Improvisation mit Heavy Gummi
(Vollmond im Porky's, Düsseldorfer Altstadt)

<u>ÜBERHILFE</u>

wir haben
die sonnenfinsternis
als einzige überlebt
und wurden
im raumschiff
wieder und wieder
wiederbelebt dank
außerirdischer hilfe
lieben wir uns
im mondenschein
unsere liebe ist größer
als der liebe gott
wir brauchen nie
mehr zu weinen
vergessen sind religionen
und der ganze schrott
schon wieder ist vollmond
in der großen stadt
es geht uns zu schnell
wir drehen am rad
es ist sternenklar
der mond scheint hell
wir lieben uns
weiter unsere liebe
ist heilig und wahr

ÜBERPOP(PEN)

ich würde alles tun
um dich zurückzuholen
würde alles tun
um mit dir eins zu sein
ich würde jeden zentimeter
haut zu dir hinüberschicken
jede zelle meines körpers einzeln
zu dir tragen um sofort zu ficken
wenn ich wüßte daß du mich vermißt
daß du da drüben bist
ich würde alles tun
ich würde nie mehr ruhn
ich würde fliegen

Jasa Mindo Nr.08, 18.7.2000 inspiriert durch
Gabriela Mistral dank Ricarda de Haas

ÜBER(EIN)KOMMEN

ich fordere die liebe mit gebrüll
und wenn es sein muß
auch ganz still
ich fordere sie in der kunst
und durch den körper
fordere mit haut und hirn
was jeder ohne eile will
ich fordere das unbeschränkte leben
geist vereint sich mit genuß
ich fordere die volle liebe
leere kommt erst nach dem schluß
ich biete gegen langeweile
glühend meine dichterstirn

Hugo Huhmor, 11.12.2001

ÜBERSCH1CK(SAL)
(DIE GROßE EROSION)

...dieser schmerz geht niemals
durch den geist
er steckt tief in den gliedern
sei all jenen dichtern hier gesagt
mit ihren dummen liebesliedern
wenn wir sterben sterben wir
da geht kein weg daran vorbei
und was danach vielleicht geschieht
ist meiner sehnsucht einerlei
denn wenn du fehlst
dann fehlst du wirklich
die erinnerung wird langsam schwach
ich bin noch jung
doch bald ein greis
nur dein versprechen hält mich wach
und hilft mir morgens aus dem bett
die welt kommt mir schon viel zu nahe
ach ein kuß von dir das wäre nett
um meine tränenflut zu lindern
nein ich weiß du kommst nie wieder
doch selbst dieses schicksal
kann es nicht verhindern
daß ich mich zu weit gewagt **denn...**

<u>VENUS</u>
(Feld & Flur I)

KEIN COMPUTER WEIT UND BREIT

ein schoßhund träumt er sei ein hase
dieser hase läuft im zickzack
über den gepflügten acker

***hopp hopp hopp
häschen lauf galopp***

sonnenstrahlen glitzern
aus den frischen regenfurchen
das gewitter ist vorbei

ein mildes lüftchen raschelt
durch die wälder drumherum
sogar der vollmond leuchtet
schon im hellen blau
der erste stern
die vögel fliegen wieder hoch

***hopp hopp hopp
häschen lauf galopp***

UND KEIN COMPUTER WEIT UND BREIT

21.6.2002

WENDEZEIT
(Feld & Flur II)

GENUG GEDICHTET

heute steht die sonne
höher als im ganzen jahr
wir gehen raus und
denken an nichts böses
unser hirn ist leer
die herzen laufen heiß
und aus dem tiefsten innern
quillt die seele über

WIR SIND DA WIR SIND DA

echtes leben ruft
wir sind da wir sind da
wir sind noch immer
nicht gestorben

jetzt beginnt die gegenwart
wir tauchen in das grelle licht
in einem augenblick
steht alles still
die menschen spüren
daß sie frei sind
frei genug um sich zu lieben

echtes leben ruft
wir sind da wir sind da
wir sind noch immer
nicht gestorben

WIR SIND DA WIR SIND DA

UND HABEN LANG GENUG GEDICHTET

15.8.2000, inkl. HEL ToussainT 's Version
(anläßlich des 76.Geburtstages von Selma Meerbaum-Eisinger 1924–42)

ÜBERREBELLION

Jennifer die welt ist rund (HEL: ...macht ihre runde)
nimm mir nicht alle utopie
in deutschland gibts auch nette menschen (HEL: ...hunde)
vor den faschos aber flieh

denn schwarz ist ihre mitte
und dunkelrot ihr wahn
sie kennen keinen kosmos
marschgerecht ist ihre bahn

wir sahn die dummen tanzen
wir wissen sie sind dumm
politiker und künstler
bleib nicht länger stumm !

denn kurz ist unser leben
noch kürzer ist der sinn
wenn du die liebe liebst
brüll laut heraus: ICH BIN

belaber nicht die völker
bleib nicht im atelier
jahrhunderte verstreichen
im plenarsaal liegt der schnee

weil wir die sonne spüren
kein blinder trott genügt
erwarten wir die freiheit
traumlos und vergnügt

weil ich in dir das finde
was sich an uns begehrt
darf alles sein aufglühen
die freundschaft wird geehrt

Jennifer die welt ist rund (HEL: ...macht ihre runde)
nimm mir nicht alle utopie
in deutschland gibts auch nette menschen (HEL: ...hunde)
vor den faschos aber flieh

16.8. & 1.+5.10.2000, anläßlich des 80.Geburtstages von Charles Bukowski

ÜBERMENSCHE(L)N

Melanie die welt ist groß
vergiß nie daß wir viele sind
in deinem schoß gebirt sich gott
ein fröhliches befreites kind

Melanie mach dich jetzt los
spürst du denn nicht den wind
wer rechnet bloß bei all dem schrott
damit daß wir ein raumschiff sind

Melanie Melanie
der mensch ein engel und ein vieh
Melanie Melanie
wer noch nichts sieht der sieht es nie

Melanie du bist so schrecklich fern
weißt du wie sehr ich dich vermisse
mehr als alle habe ich dich gern
durch meine seele ziehn sich keine risse

Melanie Melanie
der mensch ein engel und ein vieh
Melanie Melanie
wer noch nichts sieht der sieht es nie

Melanie mit dir ist lieben leicht
der alltag bloß schauspielerei
wir küssen weder grob noch seicht
und gönnen uns gesunde raserei

Melanie es regnet hier ganz doll
Melanie sag mir was ich hier soll

28.8.2000, anläßlich des 100.Todestages von Friedrich Nietzsche

ÜBER(STAMM/HIRN)GAST

Antonia
was is denn wahr
Antonia Antonia
ich sitz im regen
und die welt is da

und wer sagt uns
woran wir glauben
wer verzagt wenn
wir den kopf entstauben

licht durchflutet
unsre grauen zellen
wärme strömt
durch uns in wellen

jeder körperteil
egal ob krank ob heil
nimmt etwas wahrheit wahr
und die denkt immer: ja!

Antonia
was is denn wahr
Antonia Antonia
ich sitz im regen
und die welt is da

<u>HICKHACK</u>

jeder mensch kann wenn es sein muß rappen
aber wann is dieser stuß nur ein trend
FÜR DEPPEN
heutzutage mußt du für alles zappen
keiner benutzt mehr von alleine treppen
ICH BIN DER USER
ICH BIN DER SURFER
mein leben bewegt sich im glasfaserraum
mein gehirn wartet täglich am nabel der welt
doch ich bin ein loser und merke es kaum
denn für freunde bin ich
DER NEUE HELD

Digitale Nabelschnur
Schöner Braver Neuer Schwur
Digitale Nabelschnur
Schöner Braver Neuer Schwur
Digitale Nabelschnur
Schöner Braver Neuer Schwur

12./13.9.2000, gewidmet John Keats

ÜBERFLUCH(T)

und der vollmond
der scheint helle
mir wird schlecht
ganz auf die schnelle
was ist echt und
wer gewinnt
bin ich schon alt
und trotzdem kind
GEBLIEBEN

fantasie nur fantasie
was flügel hat
ist mehr als vieh

ich will dich schmecken
will dich riechen
deine seele lecken
in dich kriechen
wo das geld ist
fehlt der geist
sobald das vieh
sich selbst anpreist
VERTRIEBEN

fantasie nur fantasie
was flügel hat
ist mehr als vieh

28.7.2002, in Gedenken an Rio Reiser & Rolf Dieter Brinkmann

ÜBERTRAU(M/RIGKEIT)

ich habe schon 10.000 jahre lang auf dich gewartet
du bist der mensch !
den ich mein leben lang vermisse
immer wenn ich mich vergesse
tauchst du plötzlich auf
wie aus dem "*nichts*" ins pralle dasein
ohne wenn und aber kein zurück
ich bin auf alles vorbereitet nur nicht DAS
und kämpfe gegen meinen schreck
es geht so schnell so viel zu schnell
nur ein sekundenbruchteil selbstvergessenheit
und alles ändert sich für immer
du bist plötzlich DORT vorhanden
sehe dein gesicht im augenwinkel
sehe deine augen zucken kurz
mit regungslosen lippen
fassungslos spür ich die zeit bleibt stehn
die sonne scheint unendlich blau der himmel
über mir wie nie zuvor
und dann ist dieses wunder einfach so vorbei
ich muß so weitermachen als ob
die erinnerung an dich ein traum sei
eine fürchterliche einbildung
in jeder faser meines körpers
jeder pore meiner hirnwindungen
hat sich deine gegenwart
als Virus festgesetzt und
meinen ganzen zweifel weggeätzt
ich weiß jetzt wieder daß der "*sinn*" des lebens
sich in einem menschen zeigen kann
der mir so gut gefällt
daß alle traurigkeit als böser spuk zerfällt
und mich unglaublich kitschig Liebe überfällt

LEICHT WIE LIEBE

TAG FÜR TAG NACHT FÜR NACHT
TAG FÜR TAG NACHT FÜR NACHT

tag für tag frag ich mich
ist die welt noch zu retten
nacht für nacht will ich dich
trotzdem immer auf rosen betten

du und ich wir sind
das echte echte leben
du und ich wir werden
über allen wolken schweben

TAG FÜR TAG
NACHT FÜR NACHT

leicht wie die liebe
leicht wie die liebe

tag für tag frag ich mich
ist die welt noch zu retten
nacht für nacht will ich dich
trotzdem immer auf rosen betten

du und ich wir sind
das echte echte leben
du und ich wir werden
über allen wolken schweben

TAG FÜR TAG
NACHT FÜR NACHT

leicht wie die liebe
leicht leicht leicht wie die liebe

leicht wie die liebe
leicht leicht leicht wie die liebe

leicht wie die liebe
leicht wie die liebe

du und ich wir bleiben
tag für tag nacht für nacht
lassen wir uns treiben
durch den tag durch die nacht

leicht wie die liebe
liebe
liebe

leicht wie die liebe
liebe
liebe

liebe liebe liebe liebe

liebe

19.1.2003

VIELLEICHT

vielleicht bin ich nicht immer
so wie du mich siehst
aber es ist schlimmer
wenn du vor mir fliehst

weil ich sachen mache
die du nicht verstehst
und dann drüber lache
wenn du mir fremd gehst

***nach all den jahren
die wir glücklich waren***

will ich dich nicht ganz verliern

***nach all den jahren
die wir glücklich waren***

will ich es nochmal probiern

heute kannst du mir vertraun
ich werd nie mehr fußball schaun

DR²-Urduo @ Kindl-Boulevard Berlin-Neukölln 2005

DR²-Urduo @ Vernissage der "Querschnitt 20",
Kunsthaus Bethanien, Berlin-Kreuzberg 2007

B!LDSCH!RMSCHONAH

du hängst jetzt wieder
viel zu lange
vor deinem monitor
herum und
lauscht dem summen
deiner bits und bites

blubb blubb
schwimmt ein fisch
nach dem anderen
vorbei

draußen wird es
langsam dunkel und
die andern sind
schon weggegangen

nur die stimme
aus dem monitor
sagt freudlich und bestimmt

SIE HABEN POST

blubb blubb
schwimmt ein fisch
nach dem anderen
vorbei

was war das für ein tag
und was für einer
wird noch kommen
hier an deinem schreibtisch
ist die welt noch aufgeräumt

blubb blubb
schwimmt ein fisch
nach dem anderen
vorbei

so geht das jetzt seit jahren
kein ende ist in sicht
du weißt zwar nicht
wofür das gut ist
aber besser arbeit haben
als gar nicht

blubb blubb
schwimmt ein fisch
nach dem anderen
vorbei

Selfie, 26.9.2009 @ Club der Visionäre, Berlin (Spree-Ufer @ Wrangelkiez)

21.2.2009, 11:30h – 12:17h im IC 146, gewidmet A.Artaud, A.Watts & W.Whitman,
Uraufführung @ POESIESCHLACHT im Zakk (kursive Kommentare vom 12.3.2009)

METASLAMETABOLIKUM
(SLAmmYSTIK I+II)

es gibt einen einzigen grund
warum ich mikrofone nicht mag
man muß etwas sagen
damit sie nicht depressiv werden
jeder mensch kriegt eine krise
wenn er nicht tun kann wozu er berufen ist
ja irgendwann kriegt jeder seine krise
wenn er zu lange auf dem abstellgleis der
gesellschaft wartet auf irgendwas
wartet was sinn macht was ihm eine aufgabe gibt
was seinem leben bedeutung verleiht
[Zufällig fällt mein Blick auf ein bildhübsches Mädchen
in der dritten Reihe, dem ich daraufhin erkläre,
daß es reine Zeitverschwendung bedeute,
sich dauernd nur im Spiegel zu betrachten
und an Schminke zu denken anstatt
durch das eigene Gesicht hindurch zu schauen,
um sich die letzten Fragen zu stellen.]
oder will jemand hier sterben
will jemand hier sterben
willllll... jeeemand... hiiiiier... steeerben ?????!!!!!
...ohne sich wenigstens einmal im leben
(nur 1 einziges mal)
darüber bewußt gewesen zu sein
DAß WIR DA WAREN
[Mit weit aufgerissenem hohlen Blick starrt
mich das unterhaltungsverwöhnte Slampublikum an
und verführt mich wieder zur Interaktion,
indem ich mehreren dekadent studentisch wirkenden
jungen Männern in der ersten Reihe lauthals erkläre,
daß es eine erstaunliche Gabe des Übermenschen sei,
die eigene Gegenwart von der imaginären Zukunft her
bereits jetzt als vollendete Vergangenheit zu empfinden.]
daß du da bist denn
du bist wirklich da wie die sterne
der weite raum zwischen den sternen

und natürlich das mikrofon denn
ALLE SACHEN SIND DA
und genauso unendlich und
wirklich wie jeder mensch und
ich wiederhole: unendlich !
das ist quantenphysik !!!
das ist taoismus !!!!
das ist der reine wahnsinn !!!!!
in jeder zelle deines körpers
lauert diese unendlichkeit
sie ist unsichtbar sie ist tief sie ist das
multidimensionale monster deiner existenz
und sie ist leer sie ist so leer daß
DIE LEERE SELBST VERSCHWINDET
kein grund zur panik
wer braucht schon die leere?
die leere ist sowieso
zu nichts großartigem zu gebrauchen
sie durchdringt die unendlichkeit
wie ein flußbett ohne wasser
WELCH EINE TOLLKÜHNE METAPHER !
aber wenn du nur
deinen kleinen finger hineinsteckst
kriegst du den ultimativen strOMschlag
der deine gesamte identität aus den angeln hebt jaja
so mancher geht danach nie wieder angeln
[Dieses wunderschöne Wortspiel durch den Wechsel vom
Substantiv hin zum gleichlautenden Verb scheint entweder
niemanden zu beeindrucken oder keinem bewußt zu sein,
jedenfalls starrt mich dieselbe Frau aus der zweiten Reihe,
die schon von Anfang an mit erwartungsvoller Mine
bis über beide Ohren strahlt, immer noch mit ihrem
eingefrorenen Grinsen an, als ob sie gar nicht zuhöre,
sondern wie hypnotisiert mit billigen Witzen rechnet.]
die meisten betreiben dann kein einziges hobby mehr
wer die leere geleckt hat benötigt kein hobby
um sich die langeweile zu vertreiben
denn mit der langeweile fängt erst alles an
oder hast du geglaubt daß am anfang aller dinge
das wort war und das auch noch bei gott
und wo war der ????????
in der langeweile !!!!!!!!
(das ist doch sonnenklar)

[PAUSE]

keine schildkröte steht auf keiner
schildkröte steht auf keiner schildkröte
[Popschamanistische Regieanweisung
an den Leser in dreihundert Jahren:
die folgenden drei Zeilen sind im Tonfall
eines Gebets zu zelebrieren.]
Am Anfang War Langeweile Und
Die Langeweile War In Der Leere
Und Die Leere Teilte Sich
als der mensch zu bewußtsein kam
und es wurde licht und
das licht war ein einziges farbenmeer
eine blumenwiese auf der mikrofone wachsen
und jedes einzelne mikrofon möchte
eine großartige aufgabe erfüllen und
das ist die wahre bestimmung des slampoeten:
sein mikrofon glücklich zu machen
es ihm richtig gut zu besorgen
das ist die akustische revolution
die geheime verschwörung
auf die die menschheitsgeschichte abzielte
wir sind heute ans ziel gekOMmen wir die
wir jetzt und hier zusammengefunden haben
sind tatsächlich der kerngedanke der welt
und die mitte des universums wenn wir
[Hier verstärkt die Abweichung vom ursprünglichen
Zeilenumbruch den absolut-konkreten Liebesimpuls
des kontaktistisch-integralen Lochismuß:
echte "Mitte" ist postmetaphysisch-transdualistisch
nur als interaktives Wirkungsfeld wahrnehmbar, weil
jede Materieschwingung aus allen anderen besteht.]
heute beginnen das ernst zu nehmen was
vor vierzigtausend jahren begann
kann sich der lauf der dinge
noch einmal ändern und
[Im Bühnenhintergrund ertönt jetzt die Stimme
der Moderatorin, die darauf aufmerksam macht,
daß die 7 Minuten Sprechzeit vorbei sind, worauf
ich prompt antworte: "Das ist mir scheißegal!"]
ALLES WIRD GUT

*[Das Publikum unterbricht den Vortrag an dieser Stelle wieder
mit tosendem Applaus, was mich zwar abgrundtief anekelt,
weil sie immer gerne das Ende eines jeden Textes
an der einfachsten, vorhersehbarsten Stelle hätten,
aber ich verzichte diesmal auf einen lauten Kommentar
und beschleunige stattdessen mein Redetempo.]*
wird endlich für immer gut
deine geheimsten wünsche werden wahr
zum beispiel sex mit dem nachbarn
oder kein sex mit dem nachbarn
du hast die wahl es so laut und deutlich zu sagen:
kein krieg nie mehr
keine lüge nie mehr
kein leiden nie mehr
keine lustlosigkeit
keine versteckspielchen
kein aberglaube
kein aber kein kein
das ist fein ja
das ist fein
ganz fein
ganz
fein

Was leider nicht im Text verewigt wurde, sind die spannenden Sekunden direkt nach dem Vortrag, die mir –bereits nassgeschwitzt im Backstage sitzend– entgingen: die Moderatorin Pamela Granderath schoss mit einer Konfetti-Pistole aus Protest gegen die schlechte Bewertung symbolisch auf jenes Jurymitglied, das sage und schreibe nur 1 einzigen Punkt vergeben hatte – ich selbst erfuhr davon erst aus der Zeitung!

DAS SPIEL – ZEIGE DEINE LEERE
("LET THE GAME START")

wenn du ganz leer bist
dann bist du nicht voll
wenn du ganz da bist
dann bist du auch dort
und wenn du dich zeigst
zeigt sich der andere
(der andere)
wenn du verschwindest
hat es dich nie gegeben
wer dich nicht kennt
der kennt auch sich selbst nicht
und wenn wir tanzen
bewegt sich das ganze universum
um uns heruuuuuuuuuum !!!!!!!!!!
wir in der mitte stehen still
windstille
inmitten des kosmischen orkans
das spiel kann beginnen
es hat schon lange begonnen
und es wird niemals enden
niiiemals !!! niiiemaaaals !!!
die sprache spricht aus einer leeren seele
und deine seele ist...
LEER
und wenn du nicht voll bist
bist du ganz ganz ganz ein kleines bißchen leer
aber auch nicht mehr
meine damen und herren geschworenen
DIE LEERE IST TOT !!!
nicht gott !!!
über den reden wir schon lange nicht mehr
der darf mit sich selber reden
endlich darf er mit sich selber reden
DIE LEERE. IST. TOT.
jede zelle ist voll von licht
licht durch alles durch alles alles licht
durch alles alles licht
licht licht von allen seiten
durch alles hindurch
nur licht

27.6.2009, 3:05 min

WE LOVE DIGITAL MEDIA

wir lieben die digitalen medien
wir lieben sie über alles
wir leben schließlich im digitalen zeitalter
man guckt so an sich runter
und man guckt so sein herz an
und denkt sich:
IST DAS JETZT NOCH ANALOG ODER
WAS TICKT DENN DA EIGENTLICH IN MIR?
TICKT DA ÜBERHAUPT NOCH IRGENDWAS IN MIR?
ODER TICKT DA NUR MEIN...
M O N I T O R
ein wunderschöner großer monitor
quadratisch schaut er mich an
und gibt mir die neueste information über die welt
diese welt... diese welt...
diese welt, nicht jene welt
und ich spür mein herz nicht mehr
ich hab den stecker rausgezogen
mein digitales herz ist tot
ich warte auf den ersten echten herzschlag seit jahren
ich weiß, mein herz...
ich weiß, mein herz...
hat einmal einen pieps getan
ich weiß, mein herz...
mein herz, mein herz, mein herz
mein herz hat einmal einen pieps getan
mein herz ist ein organ
mein herz das ist kein wahn
mein herz hat keinen schmerz
mein herz...
mein herz...
mein herz...
mein herz...
mein herz...
ICH HAB NOCH MEHR ORGANE!!!
ICH BESTEH VON KOPF BIS FUß NUR AUS...
AUS! AUS!! AUS!!!
aus, das isst man nicht,
das lag auf dem boden.

I AM UNIVERSE
(KEIN NAME FÜR DAS DAS)

ich warte nicht mehr
jemand behauptet
ich hätte
13,7 milliarden jahre gewartet
aber ich warte nicht mehr
es kotzt mich an
und ich sag: 14,7
hat einer noch mehr zu bieten ?
ICH WARTE NICHT MEHR...
15,7 dahinten
20 milliarden
(der herr mit dem hut)
25 milliarden jahre
26 milliarden jahre
zum ersten zum zwei...
30 milliarden jahre
ICH WARTE NICHT MEHR -
ES KOTZT MICH AN
zum ersten zum zw...
50 milliarden jahre
(und das war wieder
der herr mit dem hut)
zum ersten zum zweiten
einhundert milliarden jahre
so lange haben wir gewartet
und jetzt ?
was ist jetzt ?
machen wir weiter so
machen wir wirklich weiter so
haben wir noch einen plan
haben wir noch einen plan
haben wir noch einen plan
haben wir noch einen plan
(es kotzt mich an)

ich mußte über meinen zustand
schon kotZEN
bevor es mich gab
das war eine große welle
und sie schwappte durch das nichts
das war die kosmische kotze
und sie schwankte
durch alle dimensionen
und erst in der millistelsekunde
als ich mich konzentrieren konnte
zog sich die kotze zusammen
auf einen unendlich unendlich
kleinen niedlichen punkt
ein so liebenswerter ein so süßer

this was the point
they call the big bang
but it was no big bang
it was just the wave
the cosmic wave
eternal cosmic wave
and my little concentration
i concentrated the cosmic wave
to the big blop
B L O P
and then i was able to speak
and the first word
i told you was: HI!
HI! HI! HI! HI! HI!
HI EVERYBODY
I AM UNIVERSE !!!
I AM UNIVERSE
and i will grow

ich werde wachsen
unendlich wachsen
ich werde sterne bilden
sternhaufen
hunderttausende sterne
zusammen in ein paket schnüren
und ab den schußß
und noch eins
hunderttausende sterne
noch ein paket
ab der schußß
in alle richtungen
überall hin
keine ecke soll leer bleiben
ja... das ist... ein feuerwerk !!!
ich liebe es ich liebe es
ich liebe es ich liebe es
es glitzert so schön
es funkelt und strahlt
es ist das schönste
was ich mir vorstellen kann
es übersteigt meine vorstellungskraft
in meinen wildesten träumen
hätt ich mir sowas nicht ausgedacht
ich hab schon wieder
den namen vergessen
das das ganze halt

GEDICHT "VON HINTEN"
(15 MINUTEN KOPF LEER FÜR DEN WELTFRIEDEN)

das letzte gedicht wird von hinten geschrieben
das letzte gedicht behandelt sich selbst
das letzte gedicht is ein gedicht in dem zu lesen steht:
ICH BEGINNE VON HINTEN
(ein gedicht beginnt immer von hinten)
warum beginnt dieses gedicht AUCH von hinten?
es möchte sich einreihen in die tradition aller gedichte
dieses gedicht liebt seine geschwister
es ist ein gedicht das durch alle jahrhunderte hindurch
immer zu seinen geschwistern gestanden hat
NACHTRÄGLICH
denn es wird jetzt grade erst geschrieben
dieses gedicht will partout nicht von vorne beginnen
es hat einen sogenannten WORKSHOP gemacht
bevor es diesen workshop gemacht hat
hat es einen anderen workshop besucht
in dem es gelernt hat was das wort *workshop* bedeutet
dieser workshop wurde vom jobcenter gefördert
das gedicht bestand diesen ersten workshop mit 1+ und sternchen
fragt mich nicht welches sternchen
wir wissen alle es gibt sehr viele sternchen
ja da kann der eine oder andere sich 'n schmunzeln nicht verkneifen
wissen sie... nicht jeder schaut nach oben
und mancher schaut nach oben und sieht aber nur eine blaue fläche
und nennt sie dann HIMMEL
himmel arsch und zwirn zum beispiel
für den arsch muß meistens jemand anders herhalten
den kann man selbst nicht sehen
manche versuchen den im spiegel zu sehen
um zu prüfen ob er noch in form is
(bei den wenigsten von uns ist der arsch in form)
DAS MACHT NICHTS:
bei den gedichten ist das dasselbe
ICH PERSÖNLICH habe noch nie ein gedicht gesehen das in form is
Es Gibt Überhaupt Kein Gedicht In Form
sobald ein gedicht geschrieben is
ist es veraltet – und
vom veralterungsprozess kommt ja genau das desaster
(mit dem "aus-der-form-gehen")
so wie mit dem universum, das geht halt aus der form

hat ja auch keiner 'n kosmischen leim erfunden
wär ja mal was für'n nobelpreis:
KOSMISCHER LEIM
chemiker? mechatroniker hier? politiker???
ah, politiker könnte auch 'n kosmischen leim erfinden
is auch egal
geht eh alles aus'm leim
auch der leim geht aus dem leim
ja... das ham die philosophen schon gewußt:
auch der leim geht aus dem leim
auch der kosmische leim geht irgendwann aus dem kosmischen leim
und ZWISCHEN dem leim... was ist dort?
noch ein gedicht!
(da muß man nur mal die BRIEFE von Rilke lesen dann weiß man das)
jaaa... zwischen... allen gedichten... kommt...
das nächste gedicht
und noch ein gedicht und noch ein gedicht und noch ein gedicht
wie die sterne
aber zurück zu diesem wunderbaren kleinen gedicht
was es so in sich hat
hier schreibt es zum beispiel an der 16.zeile:

*"ICH. BIN. NOCH. DA.
auch wenn du grade eben nicht die zeilen hier drüber gelesen hast"*

dieses gedicht weiß wie man gedichte liest
mal ehrlich:
hat einer von ihnen schonmal ein gedicht von oben bis unten komplett gelesen?
jeden einzelnen buchstaben?
das geht überhaupt nicht
es gibt keine einzelnen buchstaben
das is ne lüge
das lernt man in der 1.klasse:
A! A! A! A! DAS GANZE HEFT VOLL A
BIS ZUR NÄXTEN STUNDE: A !!! A IIII A !!!!! A !!!!!!!!!!
und in der näxten stunde: Beee... Beeeee... Beeeeeeeeee...
GROßES B KLEINES b
GROßES B KLEINES b
GROßES B KLEINES b
GROßES B KLEINES b
GROßES B KLEINES b
und das geht immer so weiter
bis über das Zett hinaus:
Ü !!!!!!!!!!!!!!!!!!!!
Ä !!!!!!!!!!!!!!!!!!!!
Ö !!!!!!!!!!!!!!!!!!!!

SCHARFES ß !!!!!!!!!!!

SCHARFES ß GROß GESCHRIEBEN !!!

DAS GANZE HEFT VOLL

BIS ZUR NÄXTEN STUNDE.

F - H - L - U - X - Q - I

ALLES LÜGE !!!!!!!!!!!!!!!!!!!!!!!!!!!!!!

es gibt keinen einzigen buchstaben

sie haben dich betrogen

sie haben dein gehirn verseucht

dein kleines 1-prozent-genutztes hirn genügt

um alle buchstaben hineinzupacken

sie kommen dir aus den augen raus

sie quellen dir aus den augen raus

alle buchstaben – auch dir:

das scharfe zett ...tropft aus deiner nase

ich kann es sehen

es stammt von irgendeinem lehrer

und der hat es wieder von seinem lehrer

und der hat es AUCH von seinem lehrer

aber von wem hat ER es?

von wem hat irgendwer die sprache

von wem hat irgendwer die buchstaben

DAS A DAS O DAS I DAS E !!!

DAS X DAS U DAS Z DAS VAU !!!

in meinem gehirn ist noch was anderes

ich kann es nicht sehen

irgendwo in meinem gehirn

ist eine lücke

eine lücke zwischen den buchstaben

zwischen dem a – und dem p

zwischen dem f – und dem j

großes J

zwischen dem großen J und dem kleinen i

ist eine lücke

ich sage:

[hier folgen ab 51:58 über 2 min schamanischer gesang bis min 54:21]

das universum

das universum das ist noch krumm

das universum das bleibt auch krumm

das universum das bleibt auch krumm

das universum das bleibt so krumm

das universum

das universum

das bleibt auch krumm

das bleibt auch krumm

das univehersuhuhuhuhohohommmmmmm

DAS KOSMISCHE URMONSTER
(JEDER MENSCH IST EIN ENGEL)

wenn ich euch so anschauen könnte
wie ihr mich anschaut
dann würde ich nicht mein eigenes gesicht sehen
sondern jenes gesicht in das ihr schaut
wenn ihr mit eurem gesicht in mein gesicht schaut
und meint ihr würdet mein gesicht sehen
obwohl in wirklichkeit mein gesicht nur
die spiegelung ist von etwas ganz anderem
was auch in euch wohnt
das ist ein monster ohne gesicht
ein süßes kleines monster ohne gesicht
ein sehr süßes kleines monster
ohne gesicht ohne gesicht
aber mit großen ohren
dieses monster hat riesenohren
dieses monster kann zwar nichts hören
aber es spitzt seine ohren ganz weit hinaus
in Das Blaue
in Das Blaue
IN DAS ÜBERBLAUE
DA OBEN UND DA UNTEN
UND DA LINKS UND DA RECHTS
UND ÜBERALL
ICH SEH DAS BLAUE ÜBERALL
ES IST DAS WASSER DES UNIVERSUMS
ES IST DAS GROßE WASSER DES UNIVERSUMS

[Autohupkonzert nach WM-Fußballspiel]

und es gibt ein feuer in diesem wasser
ein feuer das glüht mehr in den herzen
als jeder andere ball
dieser ball ist aus reinem licht
und er leuchtet für uns
seit jahrmilliarden lichtjahren
auf dem weg auf dem weg
in sein eigenes vergessen

ja du meine große schwester sonne
auch du wirst dich eines tages vergessen
du wirst dich verschlucken an dir selbst
und es wird kalt werden
in dieser galaxie
so kalt wie es schon vor anbeginn war
als wir noch gar nicht wußten
daß wir kommen würden
aber jetzt sind wir da
meine damen und herren
das ist der planet erde
links das blau
und rechts das blau
und unten blau
und oben blau
wir sind durchdrungen von dem kosmischen wasser

ich nehm dich mit bruder
in die unendlichkeiiiiiiiii...

[-APPLAUS-]

das ist das leben hier
das ist das wahre leben
das ist das wahre leben im warenleben

denn es gibt nichts falsches
es gibt nichts falsches
es gibt nur dein gehirn
dein gehirn
dein gehirn
es gibt nur dein gehirn
und dein gehirn
ist nichts weiter als ein kleines gestirn
auch dein hirn glüht wie eine sonne
auch dein hirn wird eines tages
sich selbst vergessen

dein gehirn darf sich eines tages verschlucken
sich auflösen
alle informationen löschen
alle erinnerungen

der ganze datenspeicher
LEER
RESTLOS LEER
dann wird dein gehirn wissen
wie groß das universum ist
dann wird es erstmals seit jahrtausenden wieder wissen
wie alt es wirklich ist
dein gehirn wird das ganze spüren
so deutlich wie noch nie
und es wird sagen:

ICH BIN DAS LEERE GEHIRN
DAS SICH AN NICHTS MEHR ERINNERN KANN
ICH WAR EINMAL EIN ORGAN
JETZT BIN ICH WASSER
KOSMISCHES WASSER
ICH BESTEHE AUS DEMSELBEN LICHT
WIE DIE SONNE DIE MICH GEBAR
IN JEDER ZELLE
IN JEDER ZELLE MEINES GEHIRNS
IST MEHR LICHT ALS ALKOHOL

in meinem herz ist noch platz für dich mein bruder
denn mein herz ist so groß wie das universum
und so flüssig wie dein bier

[-APPLAUS-]

mein herz ist eine sonne mein herz ist eine sonne
meine liebe ist eine wonne meine liebe ist eine wonne
mein herz ist eine sonne mein herz ist eine sonne
und das ganze universum landet eines tages
in einer riesentonne
und diese tonne heißt leere
randlose leere
diese tonne hat keine begrenzung
diese tonne besteht aus nichts
diese tonne kann alles fassen
diese tonne gibt alles wieder ab
durch diese tonne fließt alles durch
und diese tonne heißt manchmal gott
und diese tonne heißt manchmal garnichts

wenn gott eine tonne wäre
er hätte keine begrenzung
er würde nie rosten
er würde nie rosten
vom wasser des universums
gott wäre die einzige tonne auf erden
die nie rosten würde
aber gott hat sich verabschiedet von diesem planet
hier gibt es schon genug müll
die göttliche tonne muß woanders hin
ich hab sie zum letzten mal gesehen
auf dem uranus
auf dem uranus stand die tonne
und hatte sich materialisiert
sie hatte ein gesicht
in diesem gesicht sah ich euch alle
ich sah jedes einzelne auge
mit und ohne sonnenbrille
mit und ohne alkohol
ich sah alle augen in dieser tonne
auch meine eigenen
es war eine einzige große schwarze pupille
und durch diese pupille hindurch
sprach das universum zu mir:

ICH LIEBE EUCH MENSCHEN
ICH LIEBE EUCH MENSCHEN
IHR MENSCHEN SEID DAS SCHÖNSTE
WAS ES IM UNIVERSUM GIBT
ABGESEHEN VON DEN ANDERN UM DIE ECKE
es wird eine zeit kommen
da werdet auch ihr um die ecke schauen können
ihr werdet die anderen im universum entdecken
und ihr werdet euch wundern
warum ihr sie noch nie gesehen habt
SIE SIND DOCH GLEICH UM DIE ECKE !!!
VERDAMMT NOCHMAL - DIE TECHNIK !!!

es ist ein technisches problem
daß wir unsere geschwister am andern ende noch nicht kennen
es ist ein rein technisches problem
wir brauchen ein schiff
wir brauchen ein schiff das um die ecke fahren kann
durch das kosmische meer um die ecke

so ein schiff muß einer erfinden
so ein mensch muß kommen
es werden hundertscharen von wissenschaftlern sein
sie werden dieses schiff eines tages bauen
es wird ein schiff sein
das unmerklich durchs universum treibt
so wie wir auf der spree
und die menschen an bord werden cocktails schlürfen
werden gedichte lesen
werden liebe machen
werden essen
auf toilette gehen
schlafen
sie werden jobben
sie werden arbeitslos sein
sie werden hobbys haben
hobbys schöne hobbys
so wie hier
es wird ein schönes schiff
und wir werden um die ecke fahren
ohne es zu merken
es wird jahrmilliarden dauern
wir werden unmerklich um die ecke fahren
und wir werden plötzlich
an einem ganz anderen ende des universums
auf unsere geschwister treffen
nein nein sie wohnen nicht hinter der mond
auch nicht hinter der sonne
sie wohnen auch nicht hinter unserer galaxie
sie wohnen auch nicht hinter irgendeiner anderen galaxie
sie wohnen überhaupt nirgendwo wo man hingucken kann
sie wohnen... UM DIE ECKE
UM DIE ECKE
UM DIE
(ECKE)

[-PAUSE-]

diese ecke ist bereits seit einhundert jahren bekannt
rein theoretisch
die physik konnte sie bereits nachweisen
mathematisch gesehen
ist die formel für diese ecke so kurz
daß es erstaunlich ist

daß wir das schiff noch nicht bauen konnten
die frage besteht berechtigterweise
wo liegt der fehler im system
wir haben eine simple mathematische formel
wir haben keine wissenschaftler die sie umsetzen können
was haben wir in den hundert jahren gemacht ?
die vielen studenten:
was haben sie gemacht an der universität ?
sie haben diese formel auswendig gelernt
und nochmal auswendig gelernt
und für die nächste prüfung nochmal
sie haben doktorarbeiten über diese formel geschrieben
doktorarbeiten hunderte von seiten
doktorarbeiten über eine formel
die noch nicht einmal ein einziges blatt papier benötigt
und trotzdem haben wir das schiff noch nicht
wir hier spüren nur den kleinen abglanz
wir spüren den kleinen abglanz von diesem wunderbaren schiff
das es einmal geben wird
für uns ist es die schwerkraft hier unten
und die endlose freiheit da oben
und wir haben keine angst daß wir absinken
wir haben keine angst daß das wasser uns nicht trägt
obwohl wir gar nicht wissen wie das wasser uns trägt
wie macht das wasser das ?
wie trägt uns das wasser ?
trägt es uns überhaupt ?
oder trägt womöglich unser schiff das wasser ?

hallo junge frau
bist du ein engel ???
[Antwort von der Brücke: "JA!!!"]
ich auch !!!
[Antwort von der Brücke: "JA!!!"]
die auch alle !!!
[Antwort von der Brücke: "JA!!!"]

WIR SIND ALLE ENGEL.
[Publikum im Chor: "Jaaa..."]
ALLE SIND WIR ENGEL.
[Publikum im Chor: "Jaaa..."]
FÜR IMMER. SEIT IMMER.
DURCH UNS.

engel gibt es immer nur zu zweit oder mehr
das ist auch mathematik
[Zweimalige Autohupe]
niemand von ihnen hat jemals einen engel alleine gesehen
hab ich recht ?
hat jemand einen engel jemals alleine gesehen ?
so, der herr dort hinten.
aber sie haben auch schon ein bier intus.
ja, aber sehen sie, das ist das phänomen:
normalerweise trinkt man alkohol
und sieht alles doppelt
das bezieht sich aber nur auf menschen
wenn engel plötzlich erscheinen
und man trinkt alkohol
verjüngen sie sich
ziehen sich zusammen
verdichten sich auf einen einzigen
allerdings: dieser engel der entsteht
dann in der optischen täuschung
ist natürlich ein multidimensionaler engel
diesen engel könnten sie nicht verkraften
weder optisch noch in ihrer seele
ohne alkohol
da ist es schon ganz gut
daß man einen gewissen schrägen blick hat
um diesen engel zu begrüßen
um ihn zu würdigen
sich zu freuen daß er herantritt
und zu sagen:

DU BIST MEIN GROßER KOSMISCHER BRUDER
MEINE GROßE KOSMISCHE SCHWESTER

die menschen sind alle zusammen
genau so ein engel
außer die die keine lust darauf haben
wer kein engel sein möchte der lässt es
der darf auch am strand spielen
und warten bis das leben vorbei ist
[Zwei weibliche Stimmen aus dem Off:
1."Diese Schreie. So hysterisch..."
2."Der merkt das gar nicht. Furchtbar..."]
das leben geht schnell vorbei
am strand

der strand ist überall
es ist immer nur eine entscheidung
[Ruf eines Mannes am Ufer]
begründe ich das alles hier
als kosmisches meer oder als sandhaufen
gehe ich einkaufen oder guck ich hin
dreh ich mich im kreis
oder dreht sich das universum um mich herum
drehen wir uns im kreis
oder dreht sich die sonne im kreis
wer dreht sich nicht ?
wer dreht sich nicht ?

[-PAUSE & APPLAUS-]

ich weiß nicht was es da zu klatschen gibt
das ist eine frage
[Weibliche Stimme aus dem Off: "Mach Schluss!"]
und ich kann sie nicht beantworten
ich klatsche prinzipiell nur dann
wenn mir jemand eine antwort bietet
ich werf hier nur fragen auf
man sieht reste von einer mauer
man sieht reste von den abgasen
und man hört eine frau
die gern etwas sagen möchte
aber kein mikrofon hat
ich kann nicht bis dort hinten kommen
aber ich bin sicher du hast auch beine
du hast beine und füße mit denen du
tief verwurzelt auf der spree stehst
und du könntest nach vorne kommen
und das mikro nehmen
und deine frohe botschaft an die menschheit richten
es wäre uns allen eine große ehre
es wäre ein geschenk für die menschheit

Alle Publikationen des G&GN-Instituts:

- bei Amazon & als eBooks (für Kindle):
NEUROGERMANISTIK.de & POPLITERATUR.de
- als iBooks (Apple iTunes & Google Play):
NEUROLITERATUR.de & Gedicht2go.de

HISTORISCHE NEUERSCHEINUNG 2021:

Tom de Toys on stage: *"ZIEHT EUER GEHIRN AUS!"*
@ 2. Berliner Socialbeat-Literaturfestival, 08/1994

3 metapoetologische Manifeste und **68** repräsentativ ausgewählte thematisch
und historisch relevante **Gedichte von 1990 bis 2000** des Lyrikperformers
Tom de Toys (Gesamtwerk über 2000 Gedichte) im Rahmen der damaligen
Bewegung namens *"Socialbeat"*, der Neuen Beatliteratur aus den authen-
tischen Anfängen der deutschen Slampoetry: DAS legendäre Schreckgespenst
der Lyrikszene! Die **Betriebsblindheit der deutschen Literaturgeschichte**
zeigt sich in biederen Standardanthologien mit Preisträgergedichten, die gerne
als Kanon des Establishments feilgeboten werden, aber ein entscheidendes
Kapitel der subversiven Undergroundliteratur tabuisieren – aus Angst, daß
der für dumm verkaufte Leser bemerkt, was für eine hohle Popperliteratur ihm
angedreht wurde! Auch den Betreiber des G&GN-INSTITUTS De Toys verfolgt
dieses Schicksal der vergessenen Dichter der 1990er bis heute . . .

15 EUR (D), 132 Seiten, BoD Verlag   © POPLITERATUR.de

Weiterführendes von Tom de Toys:

YouTube: **LIVELYRIK.de & LYRIKPERFORMANCE.de**
SoundCloud-Audiotracks: **LYRIKLOUNGE.de**
LiveLyrik-Buchung: **SCHULGEDICHT.de**
Ausstellung: **POSTMODERNEKUNST.de**